JN440155

나무가 쓰는 시

윤재건 시집

문학의전당 신작시집

나무가 쓰는 시

윤재건 시집

문학의전당

시인의 말

기우는 석양아, 너는 무엇이 아쉬워
그리도 붉게 타오르느냐.

가는 세월에
반짝거리는 아름다움
그리워했던 일들

서투른 시 쓰기에 마음 다스리며
여기까지 왔구나.

미흡한 작품을 묶어
네 번째로 세상에 내놓으니
그저 송구할 따름

가야 할 길 아직도 멀지만
황소걸음으로 느릿느릿 가보련다.

2016년 3월
윤재건

차례

제2부 더불어 이루는 숲

제3부 담장 넘어 그 나무

제4부 잊지 못할 추억

제1부 하늘을 받치는 금강소나무

사방오리나무

끝없이 펼쳐진
풀 한 포기 없는 폐허의 황무지

춘궁기 시골 아낙들의 가냘픈 손길로
그들의 땀방울 떨어진
메마른 땅에
몽당연필보다 작은 나무 꽂았지

그 나무 국토의 푸른 혁명의 꿈을
봄 가뭄에 한 가닥 생명이
푸른 미래를 향하여
눈을 뜨고 눈은 트고 또 자라서

국토 녹화의 주자
그 이름 사방오리나무라 했다

울창한 소나무 숲

이 땅에 으뜸으로 수려한
소나무 숲

아득히 산봉우리 첩첩이 겹쳐
소나무 산맥 이어지고

소나무 보이는 모습
동서남북 어느 쪽이든
그 모습 계절처럼 완연히 달라
빛나는 그 영묘함
비할 곳이 없고

겨울에는 풍요로운 솔잎
추위 비웃는 듯
떨어진 솔방울은
선비의 겸허와 가난인 듯
뭇 나무는 황황히
움츠리는데

봄에는 새순 솟아 송홧가루
농담한 노란색으로 분바르고
새콤하고 은은한 송진의
후감(嗅感)을 퍼트리네

흰옷 입은 백송
맵시 고운 금강송
바닷가의 곰솔

한때 여러 해충에 시달렸지만
이제는 온존한 조화 속에 울창하네

소나무여
너야말로 아름다운 이 땅의 주인 아닌가

잡초

나더러 산이 되라는 것은 무리다

나는 바람에 비비대며 겨우 버티는 잡초

나무는 나무대로 풀은 풀대로

산이 되어 쥐어짜라고 해봤자

물 한 모금 흙 한 줌 생산하지 못하는

대수롭지 않은 꿈으로 살다가

힘없는 잡초로 사라질 것을

외상으로 사는 난(蘭)

너를 벗 삼은 지 15년째
돈 안 주고 벗 삼은 사람에게
꽃을 피울 수 없다더니
외상으로 살려 하네

올봄에는 사식도 넣어주고
영양주사도 놓아줄 것이니
원금은 말고 이자라도 갚을 셈치고
응답이라도 해보렴

낙엽송 숲에 들다

금빛으로 온통 물들었던 숲
혹독한 바람 불어온 겨울
마지막 잎을 떨어트린
텅 빈 산에 우— 우— 앙상한 울음

날카로운 선으로 서 있는
낙엽송 무리 지어 있다

나 그대를 안으려 하네
너 어린 묘를 심을 때처럼
더 높이 그리고 더 의연하게

장엄한 숲 그늘에 기대어
등 넓은 너와집 한 채
낮은 집 굴뚝에 연기 올라오고
눈 덮인 산마을에 햇빛 불러내리니
계곡에 갈라지는 얼음 소리
들릴 듯 말 듯

이제는 다 잊었다고 믿었던
지난 숲의 사랑 더듬으니
몇 안 남은 흰 머리카락 웃으며 날리네

숲의 향기

우리 국토의 절반에
나무뿌리 내리고
푸름에 짙어 높아져 가고

숲에는 온갖 생명이
각기 다른 꽃자리 만들고
하늘만 보고 키 재기하는 나무들
가장 탐스러운 사랑의 열매
숲의 향기 피어 퍼지네

숲은 우리의
희망을 심고 가꾸는
행복이 깃드는 곳
숲을 통해서 삶의 빛을

사랑하는 숲이여
더욱 융성하여라
당신을 통해서

당신의 향기 온 천하에

산, 산, 나무, 나무
풍요한 숲속의 세상
산림복지시대로

숲은 나무가 쓰는 시

숲속의 나무들
팔랑이는 잎들
하늘을 향해 높이 뻗는 가지들
수많은 생물들의 터전
우리들의 친숙한 새들
너무 작거나 잘 알려지지 않은
신비로운 것들
숲의 주인은 나무만이 아니다
나무 주변의 생물들
그들이 만들어내는 아름다운 숲

위풍당당한 거목이 아닐지라도
총생(叢生)한 나무들의 숲
숲의 호흡은 유혹적인 향기는
사람에게 주는 보상
우리의 산림욕장

숲은 거대한 생명

오염되거나 파괴될 수 없는
오존층을 지키는 지구의 수호자

숲에 깊이 들어가 마셔보라
나무가 시를 쓰고 있다

붉은 대추

대추 한 알 입에 물고 십리를 간다 했다

뱃속에 자라는 씨알 위해
온갖 풍파를 견디면서
붉게 타버리니

그토록
돌보다 단단한
쇠보다 강한
씨알을 잉태하고

자신은
더 이상 남을 게 없는
쪼그라진
한방의 약초

아카시아나무 꽃향기

아카시아나무 꽃 흰 손 흔들고
향기 퍼져 유혹하는 꿀벌의 잔치
버거운 우리네 삶에 향기 담아
새로운 꿈을 안겨주는 꽃인가

한때 산촌이 메말랐을 즈음
먼 나라 귀한 손님 맞이하듯
아카시아나무 들고 산제 지내고
그리도 핍박하고 헐벗었던 산촌

꽃향기로 씻어달라고
겨울엔 아궁이에 불꽃 넣어달라고
민둥산에 널리 펼쳐보려 함이었으니
너야말로 국수(國樹)라 칭함이네

이제, 강산은 변하여 풍유가 흐르고
삶은 윤택하니
아카시아나무 꽃향기 더 멀리

산림복지

무덥던 여름도 처서가 가까우니
바람이 가을을 안고 오는지

7월의 열기에 짙푸른 산림은
계란빛으로 물들고
사람들 숲속 시냇물 찾아 더위를 식힌다

지난날 헐벗었던 산은
푸르고 푸르러 울창한 산림으로 자라
이제는 시대 정서에 함께하는
숲으로 우리 가슴에 담고 있다

숲은 우리의 고향
누구나 찾아들고 안기는 어머니의 품
산림은 천혜의 자연
우거진 숲에는 곳곳에
휴양림, 자연 수련장, 펜션, 여름캠프,
산림복지를 누리니

정서순화에 크게 기여하고 있나

요즘 과도한 개발로
산을 훼손하여
하늘의 화를 자초하는 일
더 이상 산림은 누구의 것이 아닌 모두의 것
가꾸어 후손에게 이어줄 우리의 미래
나무들 아직은 치유(稚幼)의 모습
육성하여 삼림부국을 이룩하기 위한
우리의 관심도 마음에 담아보자

분재
—연암대학에서

고아한
자연의 풍광이다

고통 속에 긴 세월
몸은 쪼그라지고 뭉쳐지고
나이테 셈할 수 없으나
짧은 잎은 소복이 윤기 흐르는
소나무 분재

나무는 작으나
절벽 바위 틈새에 뿌리박은
나무의 오묘한 자연의 운치를
좁은 공간에 옮겨놓은 예술

좁고 작은 화분 속에 가두어
쇠사슬에 묶어놓고
성장을 억제
나무의 멋을 조형하는 분재

생명의 미를 갈춰
자연의 정서를 연출하려 하네

끈질긴
생명력의 연출이다

구상나무의 이변

한라산, 지리산
고산지대가 고향인 구상나무
상록침엽교목(常綠針葉喬木)
미끈한 수형 부드러운 잎 강인한 생명력을 풍기는 나무

주거지역에 조경수로서 곳곳에 눈에 띄게 심어지고
분비나무 주목 등과 어울려 한동안 잘 자라더니
근간 시름시름 자태가 흐트러지고
끝내 죽어가는 나무

원인 규명도 모르는 나무
지구의 온난화현상 탓인가
망향의 병인가
한랭한 눈보라 치는 높은 산
대를 이어온 고향
그리도 그리웠나

초라한 모습 보이지 마라

고향이 따로 없고
새로운 환경에 적응해보렴
너의 부드럽고 늠연한 모습 잃지 말고

고산지대 아름다운 풍광을 자랑하는
우리 고유의 향토수종
길이 보전되기를

---

*구상나무: 한라산, 지리산, 덕유산의 표고 500~2000미터에서 자생하는 향토수종 상록침엽교목. 수형이 아름다워 관상수, 공원수로 식재함.

정자나무 아래서

다정한 옛 벗 생각나거든
그가 문득 보고 싶거든
정자나무 아래로 오세요

마음에 고뇌 가득하거든
순조로이 풀리지 않아
안타까울 때도
정자나무로 오세요

가만히 서 있기만 해도
나뭇잎 사이로 그리운 소리 들려오고

편히 앉아 있으면
저절로 기도하게 되는

누워 쉬노라면
무성한 잎들이 황홀한 웃음에 취해
그리도 행복합니다

나의 남은 세월
사랑으로 가득한 기쁨이어라
정자나무 아래 있으면

까치집

높은 나뭇가지 끝 하늘 가까이
까치의 무허가 집
작은 부리로 삭정이 물어다
얼기설기 서로서로 겹쳐 엮어 지은 둥지
어떤 비바람에도 끄떡없다

창밖을 내다보면
몇 년째 허가 없이 살펴보고 있는데
오래된 삭정이 부서져 날리면
보수도 하고 구조 변경도 해서
둥지는 언제나 산뜻해 보인다
내실은 들어가 볼 수 없으니
어떻게 꾸미고 사는지
빗물이 새지는 않는지 모를 일이지만

화재의 위험 없고
수돗물 걱정 없고
난방비 걱정 없고

온갖 안전사고 걱정 없으니
이웃 아파트보다 살기 좋은 집

아침이면 깍깍 두 음절 소리
좋은 소식 올 것만 같아 싫지는 않는데
농사에 유해 해충을 즐겨 먹는 익조가
요즘 잘 익은 과실만 쪼아 먹는
식성은 거두어라

꽃을 싫어하는 나무

나를 닮으라 했던가

변하지 않는 절개를
애정과 충정을
유연하게 키 재기 함을

하지만 꽃은 나를 닮지 마라

나는 꽃을 피울 수 없고
죽음의 꽃 개화병(開花病)이기에
대나무는 꽃을 싫어한다

제2부 더불어 이루는 숲

지탱해주는 것

나를 지탱해주는 것

주머니에 뿌듯한 용돈이 아니야

자식들 효성도 아니고

길 잡아주는 지팡이이고

허리 잡아주는 복대이고

외식에 동행하는 등받이 방석이고

부항 떠주는 영감이지

오리의 슬픔

고기 맛 자랑에
털이 곱다고
애지중지 사육하더니
이제, 검역관의 지엄한 명으로
수만 마리 오리와 닭이 도살되는구나

AI 바이러스 감염을 차단하기 위한 방호벽은
내가 없어야 네가 산다는 뜻
어차피 제 명에 의한 죽음이 아닐 바에야
세상에 왔다 간 보은의 흔적이라도 있으련마는

포대자루 속에 무더기로 꾸겨 넣어
플라스틱 통 속에 묻히는 산 생명
흙으로 돌아가는 것조차 거부당하니
이 지구 공간에서 인플루엔자의 영원한 추방을 위해
우주 공간으로 쏴 올려야 할 일

식당에 가금류 고기 사라지고 곁들어 먹어야 할

야채류 소비가 주니
제주도의 무 농사가 울고
강원도의 감자 농사가 울고

슬퍼하는 생명체, 오리뿐이겠나

터벅터벅

터벅터벅
좁은 보폭에
느릿하게
고개 떨구고
황소걸음
길 접어간다

터벅터벅
등 굽은 노인
골 깊은 얼굴
백발에
검게 탄 얼굴
구십춘광

터벅터벅
표정이 없고
말이 없고
목석같은

눈길 한번 없는
비정한 모습

터벅터벅
오늘도 내일도
거르는 날 없이
마을 소로 길
지팡이 짚고
난간에 기대는 일 없고

터벅터벅
여름 내내 두터운 옷
간혹 우유 한 컵
군것질
점심때까지
그리고 해질녘까지

터벅터벅

건강은 거니는 것
황소걸음 되어
종일 걷는 할아버지
걷다가 끝을 보려나

요즘 보이지 않으니

Well Old, Well Die

임아, 이런 말 못하겠네

60년이 넘도록
참 고생 많이 했다고

짧은 날 금옥 같은 시간 쪼개
행복하게 살자고

임아, 이런 말 못하겠네

어차피 비워야 할 삶이니
감추어 둔 것 있냐고

우리 응급실에 가지 말고
호스피스로 가자고

할머니의 길

차도 사람도 비켜갈 수 없는 좁은 길
허리 굽은 할머니 지팡이 짚고 느릿느릿
여러 대의 승용차를 끌고 가고 있다

승용차들 지루함을 안으로 삭이면서
누구도 어찌할 수 없는 시간을 잡아가고 있다
뒤도 돌아보지 않는 할머니
이 길 내가 가야 할 길이기에

한참 만에 밭길이 이어지자
그제야 그 길로 들어선 할머니
남사당도 걷기 어려운 밭길 몇 걸음 주춤하다가 쓰러지고
지팡이 짚고 다시 일어서려는 할머니
집이 가까운 곳에 있는지 강아지 뛰어나와 짖는다

이곳 따라가던 할아버지 승용차 세우고 나가 할머니 부추겨 세우며
성당미사 끝나거든 쉬었다 승용차들 간 다음 집에 가세요

이 할머니에게 당신의 증거로 삶의 빛을 주소서

뒤따르던 승용차들 차 치우라고 재촉하네

할머니의 사랑

팔질이 넘은
건(健)손자* 왔습니다

할머니 무덤가에 할미꽃
꽃자루 높이 쳐들고
고개 숙여 인사하고
흰 꽃가루 날아와 악수를 청하네

봉분과 활개 주변에 퍼져 있는 잡관목
베어낸 자리
뿌리 깊이 자란 둥지
노인 혼자 힘겨운 뿌리 파내기 일을 하니
그 옛날 할머니 모습

어릴 적
원두막에서 작은 소리로
굴욕적인 한일합병
독립만세운동

창씨개명 등 일인들의 만행을
이야기해주셨던 일

매주 교회에 가시고 성경책 읽으시고
자손을 위해 열심히 기도하시는 할머니

서울 살림 어려우니 보태 쓰라고
아내에게 쌈짓돈 주시던 일 잊지 않고

뿌리 파내는 작업은 무거운 곡괭이 힘으로도 좀처럼
땀이 가시지 않으니
곁에 할머니 그래도 그 나이에

---

* 健손자: 아버지가 병약하여 아들은 건강하라고 할아버지께서 지어주신 이름.

두루미 가족

어느 날부터인지
한천변 가까운 솔밭에
넘나드는 두루미 네 마리
날개 펼치니 1미터쯤 되고
S자형 긴 목을 휘저으며
쌍쌍이 수관(樹冠) 위에서
유연한 몸맵시 자랑하는 발레

물가로 내려가서는
몸 쪼그리고
다리 한쪽 걷어 올린 채로 쉬다가
긴 다리와 긴 목덜미가
날쌔게 물고기 쪼아 먹는 민첩한 생명력

계절 따라 보금자리 찾아온
그들의 낙원
아름답고 평화스러움
어디에서나 자연과 공생하는

신비스럽고 절미한 새 두루미

우수도 지나고
버드나무 꽃망울 물올라 봄 오는 소식 전하니
곧 석별할 아쉬움에 너를 그리워하겠지
내년 겨울엔 더 많은 식솔 데리고 오려무나

꿈

비봉산(飛鳳山) 정상
높은 바위 위에
옛날 한 장수가 큰 칼 옆에 놓고
누웠던 자리라고
어릴 적 그 자리에 누워 하늘을 향해 장수의 꿈을 꾸었지

가파른 세월은 머물 시간도 없이
세파에 꿈은 부서지고
열심히 살아온 흔적마저 희미한
발자국을 늘어놓으면
오히려 부끄러워
살아온 만큼 무엇 하나 빛나고
여물지 못했네

이제는 어린이
세계 위인전을 읽어주는 노인
아름다운 사랑의 씨앗들
꿈을 피우기 위해

위인의 어릴 적 꿈을 이룩한 영광을
읽어 깨우치는 일
그지없는 노인의 꿈이려니

아삼삼한 노인
장수바위를 그리워하며
세월을 붙잡아 가고 있네

어머니의 재봉틀

와이셔츠, 어머니가 지어주신 것
타이 매고 뽐내고 싶었던 유년 시절

가족 모두에게 여름옷 지어주셨고
언제나 재봉틀 돌아가는 소리 집안 가득하면
내 옷 먼저 지어주길 졸랐던 가족들

요즘도 간간이 다락에서 들려나오는
다리 없는 손재봉틀
인자하신 어머니의 재봉틀 소리
잡힐 듯 들려오고

긴 세월도 무색하게
아직도 쓸 만하다고
돌아가는 소리 여전하다

대를 이어 온 어머니 손자국
또 다음 어머니의 손자국 이어가는 재봉틀

어느 후대에 고철로 실려 나갈 때까지

어느 노부부의 사랑

헤아릴 수 없이 계절이 바뀌어도
하나를 둘로
다시 묶어 하나로
그 이름 부부라
고락도 희비도 하나

둘로 보이던 부부
눈을 닦고 다시 보면
하나인 잉꼬
언제 보아도
둘을 보아야 하나의 부부

어느 날 혈압이 낭군을 올리면
부인은 그를 아기처럼 가슴에 품고
말을 못하는 짐승처럼
아픔을 소리로 토하는
흐느낌을 보았고

어느 날 신경이 부인을 올리면
낭군은 그를 어머니처럼 안아
말 못하는 짐승처럼
아픔을 침묵으로 삭이는
과묵함을 보았고

시로도 감히 표현 못할
엉겨 붙은 하나의 사랑
하나가 아프면 둘이 아프고
하나가 기쁘면 둘이 기쁘던
보기 드문 노인 부부

보리밥

7월의 산야는
뭉실뭉실 숨을 쉬며
푸름 속에 살아가고

요즘 더위에 몸보신 위해
영양식 한참인데
보리밥처럼 소탈하고
가식이 없는 건강식
노화를 막아준다니
다이어트에 좋다니

60년대까지
보릿고개 넘는 길
가난의 상징이던 보리밥
오늘은
밥집 맛 자랑에 식객 줄서 기다리네

한 노인 보리밥을 상식한 탓으로

현대병(당뇨병 고혈압) 걱정이 누그러지고
심신도 한결 부드러움을 느낀다고

유년 시절 그리도 싫어했던 꽁보리밥
어머니 도시락에 흰밥 섞어 쌓아주셨고

끼니마다 보리 절구통에서 찍고 키로 까부르는 보리쌀
어머니의 땀방울로 익힌 밥

아련히 떠오르는 보리밥의 사연들

땀방울의 맛

토마토가 지병에 좋다 하여
5월이 되면
몇 년째 한 농장에 가서
갓 딴 토마토를 사오고 있다

매월 서너 차례 사러 가니
농장의 젊은 부부와는 친숙해지고
손님이라기보다
자기 부모 대하듯
힘든 하우스 일에 고생하는
자식 같아 안쓰럽기도 하네

여러 동의 넓은 비닐하우스
항시 땀에 젖은 작업복에
땀방울 흐르는 얼굴
아버님 오셨어요, 하며
일손 놓고 뛰어나오는 그 모습
웃음 띤 잘 익은 토마토 천사 같기도 하여라

오늘은 조금만 담아주게
덤으로 드린다는 인심

신토불이 성실한 농사꾼
이들 땀방울의 토마토
더욱 진미이려니

토종 생굴

언제인가
검측측한 생굴
갓 따온 싱싱한 맛
강화도 어느 허름한 초가집
머리가 추녀에 닿는 납작 집

주모 할머니 한 바가지 검흐르게 퍼서
큰 대접에 따라주는 생굴
들어 올려 몇 차례 쉬면서 들이켜면
짜릿하고 새콤한 깊은 맛에
얼굴 붉으락푸르락 여기에
걸쭉한 막걸리 한 바가지 곁들이니
그리도 속 후련하고
취기 오르면 모두가
나의 기쁨이었지

그 후 생굴의 진미 못 잊어 주말이면 종종
배 타고 건너가 그 납작 집에서 굴 한 대접

들이겨고 곧 돌아오곤 했지
굴이 양기에 좋다고 하지만
그 시절 나는 총각이었으니 그와는 무관하고

요즘 토종굴이 귀하다 보니
양식 굴로 그때의 그 굴 맛을 찾기란 어렵네요

情을 나르는

택배 왔습니다

봄은 충천에 떠 있는데
이제야 택배가 봄비를 담아 내리나

택배 박스에

정성어린 효심을 담고
온갖 마음의 정표를 담고
여러 매장 상품을 담고

배달차량 바삐 드나드는 아파트 앞에
소식 뜸한 자식의 택배 기다리는
한 할머니

진정 효성은 너희들 모습 보는 것

제3부 남상 넘어 그 나무

섭생(攝生)의 소망

붉고 노란 단풍에 해맑은 햇살이
조화를 이른 산야의 풋풋한 숲길을
혼자 걷고 있는 노인

어느새 세월이 덧없음을 느끼면서
앞으로 짧은 시간 앞에 무엇을 할 것인가

가진 것 털어놓고 마음을 비웠는데
외로운 감성만이 감돌고 있구나

시를 쓴다고 보내온 난초
13년을 같이 보내면서
함께 영양주사도 주고 정성을 다했건마는 꽃대도
좋은 시 한 편도 보이지 않으니

사랑하는 하느님
앞으로 당신의 향기 뿌려주세요
그리하여 내 시가 빛을 보게

안 들리는 소리 들으면

자신의 음성을 자신이 들을 수 없고
남의 소리는 더더욱 들을 수 없으니
소리 없는 삶을 감내하는 당숙 한 분이 계셨다
나이 드시면서 청력을 잃은 분
자신의 음성은 고성이 될 수밖에 없었고
항시 웃음 띤 얼굴로 인사에 고개로 화답하셨다

세상이 바뀌어
소리를 증폭시키는 보청기가 보급되면서
대화를 할 수 있으니
청각장애인에겐 소리의 천사와 같다
요즘 IT 시대,
원음대로 인지할 수 있는 새로운 디지털 보청기가
신체조직의 한 부분이 된 지도 오래
비용이 비싸지만
앞으로는, 좋은 소리만을
자동 조절되는 보청기도 기대해본다

세월을 더듬어 가는 난청 노인들
정상은 못 되어도 소리를 듣는 삶이 되었으니
청각장애인이 장애를 느낄 수 없는 시대가 오려나

귀리죽

다이어트하는 젊은 나이도 아니고
야위어가는 노년의 건강을 위하여
아침밥을 거를 수 없으니
밥상머리에 앉자 수저를 들다 마는
부실한 식사
흔한 단식농성이 아닐 바에야
요기는 해야겠는데

퀘카 오트밀(Quaker Oat Mill)
첨가물이 없는 100% 귀리
식이섬유가 높은 음식
우유를 붓고 렌지에 1분 돌린
오트밀 죽
걸쭉한 느낌에
담백하고
밍밍한 맛

안성맞춤

열구지물(悅口之物)

아침에 컵에 넣고 휘둘러서
간단히 떠먹는 식사

이로 인해
아침식사 거르는 일 없으나
어느새 느는 체중
다이어트는 노소가 따로 없구나

버려진 장식장

고급스런 장식장
쓰레기 분리수거를 거부한 채
어디 한 곳 상처도 없는
말쑥한 모습 그대로
이곳에 버려진 사연도 모른 채
오연(傲然)한 자태 눈길을 끈다

서랍장에 보물단지를
위에 올려놓았던 값비싼 전자제품들
부를 연상케 한 연역도 있소
수거 증표도 없이 나와 있소
누구 없소, 나 데려갈

우리 장식장 바꿉시다
이대로 좋아요, 옹고집 길어지더니
난데없이 새 장식장이 들어오네
그 모습 거실 화경을 새롭게 하고
TV 올려놓으니

한결 돋보인다

볼품없어 퇴출하지만
빈손으로는 버려지지 않겠단다
쓰레기 소각 증표라도 붙여주어야지

물 한 컵

노인복지관 식당은 초만원
쟁반에 배식 받아 들고
겨우 빈자리 찾아 앉으면
뒤에는 줄서 기다리는 사람 많아
빨리 먹고 자리 비워주어야 하는 분위기

어느 날
언제나 만원인 식당에서
쟁반에 머리 박고 식사하는데
자원봉사하는 할머니
따스한 물 한 컵 앞에 놓아주신다
그 많은 노인 중에 유독 나에게만
생면부지의 할머니
내가 너무 늙어 보였나 보다

나는 감사할 뿐
"할머니 고마워요"
옆 사람 이목 있어 나지막하게

남을 배려하는 할머니의 마음
남의 입장에서 들어보고
도움을 주는 일
나도 이 할머니 마음씨 닮았으면

노란 버스

아빠 출근시간 지나면
귀여운 미래들의 출근
동네 노란 버스
아파트 동 사이를 누비며
엄마로부터 유치원에 안기는
해맑은 우리의 미래들

요즘 아동학대의 죄악이
부모에 의해 일어난다는 보도는
내 자식 내 마음대로 한다는
잘못된 정서적 학대
아이들에겐 사랑과 관심 이외는
용인할 수 없는
영국의 '신데렐라 법'이 우리 사회에도

아빠 퇴근시간에 앞서
귀여운 미래들의 귀가
유치원으로부터 엄마에게 안기는

해맑은 우리의 미래들

아이와 가장 많은 시간을 보내는 엄마
아이를 가장 많이 사랑할 수 있는 엄마
하지만 가장 많이 학대할 수 있는 엄마

사랑에 굶주리게 하는 것도 엄마의 죄이거늘

인간 속달

쏜살같이 달려온 앰뷸런스에
넘어져 움직이지 못하는 아내를 태우고
단대병원을 향해 쏜살같이 "앵 앵"
120km의 속도, 기사 양반 초를 다투는 병이 아니니
속도를 줄여 갑시다

동승한 간호사의 극진한 응급진료 가상하고
기사는 곡예운전 여념이 없네

구급차에 실려 가고 오는
물렀거라 위급환자 가신다
환자를 속달하는 병원

고통과 슬픔을 나르는
나이팅게일 손길

나이 들면서 언제고 신세질 구급차
나를 싣고 가거들랑 안전운전 부탁하네

기도

어찌 이런 참사가!

이제 겨우 싹트려 하는 어린 학생과 일반 승객들
진도 앞바다에 수장해버리려 합니까.
생사의 기로에서 주님의 구원을 갈구하고 있습니다.
실종자 가족들 마음도 몸도 부서지고 있습니다.
주님의 아들 예수 그리스도 죽음에서 부활하듯이
이 선량한 승객들에게도 부활의 은총을 내려 주옵소서.

대형 참사 끔직한 비극이
이 땅에 반복되고 있습니다.
살 만하다고 하는 교만 때문입니까
진실로 참회하고 있사오니
우리 죄를 사하여 주시고

봄을 누리기 전에 가버린 영혼을 위로해 주시고
바다 속에 좌초해 있는 생명들 희망을 건져 주옵소서.
무릎 꿇고 간절히 기도합니다. 아멘.

개미의 호소

보도를 걷다가
발을 내디딜 찰나에 멈춰야 했다

보도부록 이음새에서 쏟아져 나온
헤아릴 수 없는 깨알만 한 개미 군단
하마터면 255mm 신발에 밟혀
잔인한 참상이 일어날 뻔했다

블록 아래에서 무슨 욕구가 솟아올라
길에 나와 데모를 하는 것인지
내지르는 일치된 동작과 함성은 없으나
쉼 없이 오르고 내리는 역군
어떤 울분의 표출이 아닐는지

땅속 한 마리 여왕과의
사랑을 위한 집념에 허리가 쪼이도록 일만 하다
급기야는 여왕의 먹이가 되는 숙명
멈추지 않는 삶의 현장을 보았네

아무쪼록 사람 발길 닿지 않는 곳에서
영원한 축복 있으라

등나무 정자

벤치 옆에 심은 지 6년째 등나무
줄기 서로 맞잡고 엉키면서
세월 먹고 자란 무성한 녹음
뜨거운 햇살도 스며들지 못하는 자연의 파라솔
늘어진 줄기 시원한 바람 일렁거리니
벤치에 앉은 마음 발랄하고 상쾌하다

지난해 이곳 주인 노릇하던 노인
등나무의 결집력을 본받자더니
끝내 보이지 않고
새 주인들 MP3 귀에 꽂고
어깨 흔들며 발장단 치는 세상
그 사이 그늘의 평수는 넓어지고 깊어가네

해 석양에 기울어지면 벤치에
아이 기다리는 아낙네들
핑퐁처럼 주고받으며 즐거워하는 언어들
녹음 속에 잠복하고 있겠지

오늘의 등나무 정자는 몰라보게 융성하니
무더운 열기를 피하려는 노인
홀가분하게 벤치에 앉자
무거운 시름 내려놓고
모든 것 멈춘 정밀한 더위를 식히고 있네

가을 하늘

맑고 높고 푸른 가을 하늘
이유 없이 소심해
눈물겹습니다

가을은 모두 모아 챙기는 계절이니
털 것도 간직할 것도 없는
노인의 심금이겠지요

그러나
놓고 가는 부즉다사(富則多事) 없고
마음도 비우니
오로지 행복할지어다

미리내

김대건 순교자 성역 안을
어슬렁어슬렁 걷고 있다

맑은 가을 하늘 아래
길가 감 떨어지듯
잣나무 윤기 흐르고
숲은 단풍이 짙네
산에서 불어 내리는 산뜻한 바람
단장된 넓은 잔디밭

이 아름다운 서정의 가을을
현양(顯揚)하는 마음과 함께 드립니다

만세고개

굽이굽이 천덕산(天德山)에 오르면
소나무 숲 우거진 산등성에
안성 3·1운동 기념관 자리하고 있다

안성시 양성면 원곡면 주민 3천여 명이
1919년 3월 1일 대한독립만세운동에 이어
4월 1일에는 천덕산 고개를 넘나들며 외쳤던 곳
후에 이곳을 만세고개라 부르고
안성 4·1만세운동이라고 했다

그때 일경(日警)에 희생된 231명의 선열의 넋을 위로하고
그 뜻을 가리기 위해 위패를 봉안하고 있다
고갯마루에서 외치던 충의와 호국의 만세 소리
이를 지켜보던 소나무 나이테는
일경의 만행을 기억하겠지

과거의 역사를 평화와 공존의 미래로
승화되기를 바라는 우리에게

요즘의 일본은 역사적 과오를 오노하고
일본군 위안부의 역사인식을 거부하는 일본 정치인
여기 안성 3·1운동 기념관에 와서 똑바로 보라

작금에 독일 레르텔 수상은 일본에서
"독일은 역사적 과오에 대하여 항구적 책임을 진다"고 했다

일본 국민은 역사적 교훈을 스스로 깨우쳐야겠다

개나리

작은 창문을 열면
아파트 담장에 연이어
개나리꽃 현상이 한참인 듯

지난봄 꽃향기 가뭇없이 사라졌다가
올봄에 되살아나
황록색의 생 울타리 화란춘성(花爛春盛)하네

긴 허리 구부리고 굽실굽실 몸을 낮추며
꽃은 송이마다 아래로 드리웠나
모두 땅을 보고 고개 숙였네

작은 네 쪽의 노란 화판의 꽃
황홀하지 않으나
자기를 낮추는 겸손함과 포근함을 전해주네

난쟁이 볼품이 없다고 하지만
철재 담을 넘는 강한 번식력

어느 곳이건 흙만 닿으면 고개 내미는 생명력

나리 나리 개나리
많은 아이들 "봄나들이 갑니다" 노래하듯이
어린이들에게 희망과 기쁨이네

우리나라 고유의 개나리
화사한 꽃

아리랑 민요

아리랑 아리랑 그 어원이 무엇인지
아리랑 고갯길은 어디에 있는지
알 수 없는 우리 혼의 노래

굽이굽이 숨 막히는 고갯길
산 넘어 들 너머 열두나 고행 길을
한숨 거두게 하는 삶의 노래
많은 사람의 가슴을 적시는 한의 노래

새 시대 새 노래 아리랑 고개
정선 밀양 진도의 신민요 아리랑
지역의 화합을 이루는 통일의 아리랑
기쁨 싣고 돌아오는 아리랑고개

사랑과 기쁨의 아리랑
평화와 희망의 아리랑
민족의 위상과 가치를 높이는 노래
아리랑 아리랑 아라리요

제4부 잊지 못할 추억

봄기운 등에 업고

어디가 나이 들어 보이던가
주름은 화장으로 지우고
허약하다면 단련해볼 것이고
허스키라면 목청 돋우어볼 것이고
주머니 비어 보이면 어찌할 바 없지만

봄은 아직 네 빈 가슴에 넘치고
늙은 고목의 어깻죽지에도
푸른 기운이 돌고 있지 않나

모든 것 되살려내는
봄기운 굽은 등에 업고
다가오는 새 선물의 시간
무엇인지 모르지만
아직도 싹트지 못하는
詩의 씨알을 터트리려 함이네

3월이 가기 전에

늦을세라 찾아온 3월
가슴속에 서성거리더니
새싹들의 살 내음에
개울물 흐르는 소리 듣더니
냉큼, 목련꽃 피는 4월로 넘어서려 하네

때가 되면 온다던 임은 아니 오고
개나리, 진달래 꽃잎 아직은 나부끼는데
어찌 그리움만 남기고 떠날 채비를 하는지

긴 나무의자 다리 하나 삐져나온 요람
한 한객(閑客)의 숨소리 들리듯
흔들지만 가혹한 봄이 다가올 뿐
꽃은 바람이 흔들어야 핀다는데

시의 농사

시(詩) 밭에 씨를 뿌린 지
희수(稀壽)에 시작하여 산수(傘壽)가 넘어도
시는 싹이 트지도 않아
갈증만 더 해가고
건기는 계속되니
잡초와 싸우다 짧은 생을 마감하나

나는 글밭을 헤매다
별과 함께 잠든 밤
달콤하고 정겨운 시어
꿈에 보이더니
읽기도 전에 사라지네

오월의 향기

떨어져 날리는
아카시아 꽃잎
향기 여전하고
라일락 꽃향기
싸리 꽃향기
찔레 꽃향기에 뒤지지 않네
송홧가루 향기 내는 듯 없는 듯
그 향기 어찌 없으리

향기 가득한 오월
소쩍새 소리 들리지 않고
꾀꼬리 소리 없는 것
세월호의 노란 리본에
목소리 낮추네

그대여
창가에 오월의 훈풍 지나거든
향기 바람에 날려 주오

그대 향기에 젖어
시 한 수 적으리라

유월이 오면

유월이 올 때마다
저 산하 골짜기
DMZ 후미진 곳에
잠들어 있는 이름 모를 용사들
열아홉 살 그 푸른 꿈
뙤약볕에 버티는 무명의 꽃들

꽃으로 피고 지며
훌쩍 예순이 넘었네

나는 듣고 있다
숲 바람에 울부짖었노라
비애 사무친 꿈

산새들도 가끔 곡비 울어주던
외로움의 한낮
날아가는 나비 한 마리 반가워
고운 꽃대

어여쁜 꽃송이들

애절히 기원하는 별빛이 있었다

얼마나 초록빛이었는지

입하가 지나가고 있다
기슭에는 산딸나무꽃 피고
송홧가루 분칠하는 5월의 숲
얼마나 초록빛이었는지

한때 뻐꾸기의 노래가
그토록 매혹적으로 울었는지
벌써 잊히고
철새 떠난 적막한 천변에
늦은 갈대 허리 편다

저 높은 나무 위 보름달
산사 이팝나무 색색 현등과 흔들리며
여리게 은밀한 빛을 보낸다

누가 그것들 붙들어놓을까

이제 가장 아름다운 신록은

여름이 되려 하고 또
첫 안개를 기다리네
초록빛 산마루에서

가을 비

가랑비가 내린다
오랜 가뭄 끝이라
비를 피하고 싶지 않고

벤치에 앉아 쉬노라면
찬바람 가슴에 스며드니
마음은 스산하다

벼 베고 난 빈 들녘
고즈넉한 볏단처럼
고독의 설렘이 가슴 조이니
가을은 쓸쓸한 노인에게
허전함이 가득한 계절인가

하늘은 어두운 잿빛
어두워지기 전 가로등 켜지면
아무도 보이지 않는
비 오는 거리

그리움과 서러움을 안고
터벅터벅 낙엽 밟는 소리 정겨워라

창문을 열면

작은 창문을 열면
멀리 들녘에
모내기 끝낸 벼 모가
뿌리내리느라 힘들어 하고

작은 창문을 열면
개울가
막 피어오른 아카시아 꽃
넘실거리며 짙은 향기로
윙크하네

작은 창문을 열면
개울가
낚시 드리우고 앉아
조는 낚시꾼
홀로 세월을 낚고 있고

작은 창문을 열면

가로지르는 넓은 도로에
차량들
무엇을 얻으려
그리도 분주히 오고 가는지

창문을 열면
오늘도 언제나, 그렇고 그렇다

철새의 날개

계절의 흐름에 따라
번식지와 월동지를 찾아가는
수수만리 길
바다, 산, 들녘을 건너
지구 반을 넘나드는 새야
너의 날개는 무엇으로 되어 있기에
그리도 먼 길
바람을 쉼 없이 가르며 나느냐

깃을 접고 펴는 두 날개
하나같이 일치를 이루지 못하면
나르는 대열에서
앞서거니 뒤서거니 다툼이 있으면
이편저편 가르는 일 있으면
서로가 서로 겨루는 부리가 있으면
날 수 없음을 잘 알기에

머리가 북을 향하거나

머리가 남을 향하거나
이산의 아픔은 모르는
아름다운 평화는
오늘도 머문 흔적만 남기고
먼 길을 날아오르네

가을이 오는 소리

과수원에서 종종 터지는 대포
쫓고 쫓기는 까치와의 전쟁
승자 없는 소음만 아파트 창을 울린다

한천의 도도한 두루미들
어디로 피했는지 보이지 않고
여울마저 수척해 흐르네

들판의 초록은 나날이 고개 숙이니
가을 여무는 풍요의 축포인지

길가에 차려놓은 과일직판장
형광등 불빛 아래
선과하는 아낙의 손놀림이 분주하다

추석이 지났는데
포성은 끊이지 않으니
까치는 엄포임을 알고 있나 보다

초겨울의 서정

심근을 아련히 파고드는
숲속에 오롯이 핀 들국화
냉랭한 소슬바람 품고
설핏 기운 햇살에 기대어
회억에 잠기는

추억을 숙명 속에 묻고
단풍나무 참나무 고요한 침묵
그래도
조락이 그림잔 숲 섶을 스쳐
가슴을 여미고

아
가버린 꿈을 스치는 햇살이여

우수(雨水)

우수가 마지막 겨울을 보냅니다
버들가지 눈꽃을 내밀고
동살이 잡힐 무렵
새들의 노래 음계에 맞추어
나무는 더듬더듬 엿듣네

까치는 둥지 틀기에 넘나들고
한천에 산자락 잠기니
소담한 철새들의 유영
재두루미의 발레는 시작되고
뜰 아래 배롱나무 추워 보인다

시어(詩語)는 아직도 깨어나지 못한 채
한 마디라도 없으면
벗어던지라 하는지
경칩을 기다리라고 한다

겨울의 추억

겨울이면
지게 다리 끌리는 나이에
땔나무 저어 나르던 일
군불 때는 일
도맡아 하는 아들을
기꺼워하시던 어머니의 모습
얼어터진 손등을 만져주시던 어머니 손길

따스한 아랫목에서 몸을 녹이고
윗목 화롯불에 둘러앉아 이야기꽃
정겨웠던 온돌방의 겨울

세월의 흐름 속에서 손등 부비면서
시를 추려보려는 만학
늦심기에 여념이 없는 시심의 겨울

주먹밥

6·25사변, 1·4후퇴 시
제2국민방위군, 제11분교육대
진해군 성주면 성주국민학교에 자리한
독립중대

내무반은 엄동설한에 바닥에 가마니 깔고
추위에 떨며
한 끼 배식이 어린이 주먹만 한 주먹밥 하나
언제나 내 것이 작아 보였고
몇 입 털어 넣으니 밥알 하나도 아쉬웠지

배고파 허리춤 졸라매던 병영생활
모두들 먼저 현역병으로 차출되어
밥이라도 배불리 먹었으면 했어요

이후 주먹밥은 커졌고
반찬도 곁들일 수 있었던 것은
국민방위군사건*이 터진 후였어요

요즈음
밥상에서 주인 쌀밥은
한갓 부식으로 전락하고
공기그릇으로 작아지더니
그나마 흰밥도 보리밥에 밀려나고

그때
그 작은 흰 주먹밥 하나
절실한 구원의 한 끼니였지

---

*국민방위군사건: 6·25 막바지 1·4후퇴 때 제2국민병으로 편성된 국민방위군에게 지급할 국고금과 군수물자를 국민방위군 사령관 김윤근 준장 등이 착복한 사건. 그로 말미암아 9만 명이 죽었고 책임자 5명은 사형을 당했다.

천리 길 회상

어느 겨울, 개미군단의 행진
대오가 서서히 앞으로
힘자랑하며
앞장서 팔 내저으며 힘찬 발걸음
하루 이틀 사흘이 지나니
대오는 흩어지고
손잡고 걷던 친구도
옆을 볼 기력 잃고
홀로 발 떼어놓기도 힘겹다
부어터진 발바닥
어머님 넣어주신 두툼한 신발창
도움 되어 견디게 했지

1·4후퇴 국민방위병의 행렬
집 떠날 때
아버지 용돈 넣어주셨고
어머니 인절미 싸아주셨으니
주머니 뿌듯했고 배낭은 무거웠으나

지나는 주막에서 끼니를
막걸리 한 사발에 몸도 녹이면서
쩔룩쩔룩 걸음은 힘겨워라
추위는 빰을 때리고
길바닥은 유리알에 엉덩이 부어오르고
경산군 어느 지역을 지날 즈음
마산으로 집결하란다

열흘째, 주저앉은 곳
마산 어느 학교 운동장
다시 대오를 지어라 한다

마지막 힘을 다해 또 하루
진해 어느 초등학교 운동장
방위군의 훈련장
굶주림의 병영 고된 훈련 3개월
그리고 수복이라
칠십 리 길(천안-안성)을 단숨에 달렸지

기억 속의 목탄차

일제 말
중학교 1년생의 왜소한 체구
학교 돈사 청소가 부실하다고
일본인 선생으로부터 모진 꾸지람이
눈에 별이 튀게 하더니
지나가는 목탄차를 돌아서 오란다
느리게 가는 차라 해도
뜀박질로는 가당치 않는 일을
선생은 심하게 다그친다
지켜보시던 실습주임 선생
선생, 기합이 너무 심하오
한마디 던지고 가시니
그제야 선생의 노기가 멈추었지

유일한 시골 교통수단 목탄차
달리다 쉬어 풍구질로 힘을 돋우고
고갯길에서는 사람들 뒤에서 밀어야 넘어가는
우둔한 자동차

달리기 선수는 이닐지라도
뛰어 따라가면 못할 일도 아니었다

실습주임 선생은 한국인
여럿 일인 선생과는 달리 학생을 감싸주었고
교련시간에는 언제나 뒷전에 서 계셨다

기억 속에 머물고 있던 권중모 선생
산림조합 경북지부장으로 계셨을 때
직장에서 만났던 일도
이제는 먼 시간 속의 기억들

한 해를 보내며

속절없이 또 한 해가 간다
아쉬움만 남기고 가버린다고
우울해하기보다는 남아 있는 시간이 있음을
고마워하자

지난 한 해 동안
힘들어했던 슬픔까지도 선한 마음으로 거두고
받은 사랑의 선물들
감사의 메시지를 보내자

새해에는
미루고 저버리고
소홀히 했던 일들 뉘우치고
겸손의 길을 가련다

진정 이 시간밖에 없는 것처럼 아끼고
보고 듣고 말하고 쓸 것
너무 많지만

마음을 밝게 지니고
아낌없는 시간을 잡아 가련다

세월은 이렇게 얻는 것 없이
돌아가는 고마운 시간인 것을

볏짚 곤포(梱包)

추수를 끝낸 넓은 들녘
흰 곤포가 점점이 수를 놓았네

참새들 흰 둥지 언저리 소요(逍遙)하다
볏짚 한 오리 이삭 한 알 없는
논바닥만 쪼아보다
멀리 방앗간에 둘러보지만
떨어진 벼 한 알 허실이 없으니
참새는 그 어제 쫓기던 허수아비가 그리운지

곤포사이리지* 안에서
소 사료로 숙성 시간을 접어가고
소의 반추 공장을 거쳐
유기질 거름으로 재생산
논으로 돌아가는 순환의 볏단

---

*곤포사이리지: 볏짚을 흰 비닐로 싸서 숙성한 다음 소 사료로 이용한다.

해설

나무를 통하여, 나무와 함께, 나무 안에서

이승하 시인·중앙대 교수

고 박정희 대통령의 치적 중에 '산림녹화'를 꼽는 사람들이 있다. "자네들은 몰라. 이승만 정권 때는 우리나라 산들이 다 벌거벗은 민둥산이었다고. 박대통령 때는 식목일을 국경일보다 더 쳤지. 식목일이 되면 온 국민이 산으로 나무 심으러 갔다고 해도 과언이 아니야. 나무를 벌채해서 땔감을 하면 엄벌을 받았지. 송충이를 거국적으로 잡는 날도 있었지. 물론 독재한 것은 나빴지만 산들을 저렇게 푸르게 만든 것은 박대통령이 한 좋은 일 중의 하나야. 그건 높이 평가해야 돼." 해설자는 이 이야기를 어르신네들한테 귀가 따갑도록 들었다.

그렇다면 제3공화국 시절, 대통령이 주도한 산림녹화사업을 추진한 실무자들이 있지 않았을까. 바로 윤재건 시인이 '나라의 큰일'을 현장에서 실행한 실무자 중 한 사람이었다. 서울대

학교 농과대학 임학과를 졸업하고 미국 미시간주립대 대학원 임학 연수과정을 수료한 뒤 산림청 조림과장, 중부영림서장, 충청남도 산림국장을 역임했으니 60~70년대 우리나라 산림녹화 사업의 산 증인이다.

공직생활을 마치고 70대에 들어서서 시를 쓰기 시작하여 이번에 네 번째 시집을 발간하고자 하는데, 앞서 낸 3권의 시집도 그러한데 이번 시집도 나무에 대한 시가 절반에 달한다. '나무를 사랑하자'고 포스터 그리기 식의 구호가 아니라 당신이 심었던 나무, 돌보았던 나무가 울창한 숲을 이루고 있으니 얼마나 사랑스럽고 자랑스러울 것인가.

끝없이 펼쳐진
풀 한 포기 없는 폐허의 황무지

춘궁기 시골 아낙들의 가냘픈 손길로
그들의 땀방울 떨어진
메마른 땅에
몽당연필보다 작은 나무 꽂았지

그 나무 국토의 푸른 혁명의 꿈을
봄 가뭄에 한 가닥 생명이
푸른 미래를 향하여
눈을 뜨고 눈은 트고 또 자라서

국토 녹화의 주자
그 이름 사방오리나무라 했다

—「사방오리나무」 전문

60년대 산림녹화사업이 한창일 때, "춘궁기 시골 아낙들"이 가냘픈 손으로 많이 심은 나무가 사방오리나무였음을 이 시를 통해 알게 되었다. 한글명 사방오리는 사방공사(砂防工事)에 사용하는 오리나무라는 데에서 유래한다. 일본에서 도로 붕괴지 비탈면에 널리 식재했으나 최근 이 나무의 꽃가루가 화분병의 원인이 된다는 것이 밝혀져 더 이상 식재하지는 않는다. 아무튼 사방오리는 사방용으로 일본에서 도입되어 남부지방과 제주도, 울릉도 등 여러 지역에 식재되었다고 한다. 시인은 이 나무가 "국토 녹화의 주자"였다고 칭송해준다. 나무가 모여 이룬 푸른 숲을 예찬한 시는 한두 편이 아니다.

이 땅에 으뜸으로 수려한
소나무 숲

아득히 산봉우리 첩첩이 겹쳐
소나무 산맥 이어지고

소나무 보이는 모습
동서남북 어느 쪽이든

그 모습 계절처럼 완연히 달라
빛나는 그 영묘함
비할 곳이 없고

(중략)

한때 여러 해충에 시달렸지만
이제는 온존한 조화 속에 울창하네

소나무여
너야말로 아름다운 이 땅의 주인 아닌가

—「소나무 숲」 부분

이 나라 어디를 가나 가장 흔하게 볼 수 있는 나무가 소나무다. "이 땅에 으뜸으로 수려한/소나무 숲"은 봄이면 "새순 솟아 송홧가루/농담한 노란색으로 분바르고/새콤하고 은은한 송진의/후감(嗅感)을 퍼트"린다. 겨울에는 "추위 비웃는 듯/떨어진 솔방울"이 선비의 겸허와 가난을 상징한다. 그래서 사육신의 한 사람인 성삼문 같은 이는 "봉래산 제일봉의 낙락장송 되었다가" "백설이 만건곤할 제 독야청정하리라"고 자신의 절개를 소나무에 빗대어 표현하지 않았던가. 상록수인 소나무만 "아름다운 이 땅의 주인"은 아니다. 바다를 건너온 일본잎갈나무인 낙엽송도 이 땅에 심어져 우리 나무가 되었다.

나 그대를 안으려 하네
너 어린 묘를 심을 때처럼
더 높이 그리고 더 의연하게

장엄한 숲 그늘에 기대어
등 넓은 너와집 한 채
낮은 집 굴뚝에 연기 올라오고
눈 덮인 산마을에 햇빛 불러내리니
계곡에 갈라지는 얼음 소리
들릴 듯 말 듯

—「낙엽송 숲에 들다」 제2, 3연

"너 어린 묘를 심을 때처럼/더 높이 그리고 더 의연하게"라는 시구를 보니 시인이 현업부서에서 한창 일할 때를 떠올리게 된다. 그때 시인은 젊어 이 산 저 산을 누비고 다녔는데 어느덧 세월이 흘러 "지난 숲의 사랑 더듬으니/몇 안 남은 흰 머리카락 웃으며 날리네"의 모습이 되어 있다. 사람은 대체로 백발이 성성해지면 남은 날이 얼마 안 남았다는 생각에 비감에 사로잡히게 되는데, 윤재건 시인은 그렇지 않다. 울창한 이 나라 숲을 보니 뿌듯함이 느껴져서 그런 것이 아닐까. 비록 본인은 파파노인이 되어 있지만 헌헌장부가 된 아들을 보면 대견함에 가슴이 뿌듯한 법, 바로 그런 심정이 아닐까.

숲은 우리의
희망을 심고 가꾸는
행복이 깃드는 곳
숲을 통해서 삶의 빛을

사랑하는 숲이여
더욱 융성하여라
당신을 통해서
당신의 향기 온 천하에

산, 산, 나무, 나무
풍요한 숲속의 세상
산림복지시대로

—「숲의 향기」 부분

시인은 숲을 "우리의/희망을 심고 가꾸는/행복이 깃드는 곳"이라고 정의 내리고 있다. 또한 우리는 숲을 통해서 삶의 빛을 쬘 수 있다고 한다. '산림복지시대'라 함은, 산에 나무가 울창하지 않고는 복지사회도 이룰 수 없다는 뜻이다. 스칸디나비아 3국이나 일본, 독일 같은 나라는 우리보다 국민소득이 높은데, 공산품을 많이 수출하기 때문이 아니다. 잘 가꾼 산이 복지사회의 필요조건임을 시인은 잘 알고 있다. 그런데 이명박 정권 때 그린벨트가 무더기로 해제되어 아파트도 짓고 공장도 들어서고 있어서 시인은 마음이 몹시 아프다.

요즘 과도한 개발로
산을 훼손하여
하늘의 화를 자초하는 일
더 이상 산림은 누구의 것이 아닌 모두의 것
가꾸어 후손에게 이어줄 우리의 미래
나무들 아직은 치유(稚幼)의 모습
육성하여 삼림부국을 이룩하기 위한
우리의 관심도 마음에 담아보자

—「산림복지」 마지막 연

산림녹화사업은 제3공화국 시절에 끝난 것이 아니다. 계속해서 나무를 심고 가꿔야 하는데, 그와 반대로 과도한 개발로 산을 훼손하고 있으니 시인은 마음이 아프다. 나무를 한창 심던 시절에는 아카시아나무를 "먼 나라 귀한 손님 맞이하듯" 했었다. 아카시아나무의 꽃은 또 향기가 짙어 "꿀벌의 잔치/버거운 우리네 삶에 향기 담아/새로운 꿈을 안겨주는 꽃"이었다. 숲은 나무들뿐만이 아니라 "수많은 생물들의 터전"이다. 그래서 우리는 숲을 잘 가꾸어 길이길이 보존해야 하는 것이다.

위풍당당한 거목이 아닐지라도
총생(叢生)한 나무들의 숲

숲의 호흡은 유혹적인 향기는
사람에게 주는 보상
우리의 산림욕장

숲은 거대한 생명
오염되거나 파괴될 수 없는
오존층을 지키는 지구의 수호자

숲에 깊이 들어가 마셔보라
나무가 시를 쓰고 있다

—「숲은 나무가 쓰는 시」 부분

숲은 나무가 시를 쓰고 있는 곳이라는 구절이 의미심장하다. 우리 정신에 산소를 공급해주는 시처럼 뭇 생명체에게 없어서는 안 될 산소를 공급해주는 곳, 모든 건축물에 들어가는 목재를 제공해주는 곳, 온갖 약재와 약초를 제공해주는 곳, 홍수를 막아주는 곳, "오염되거나 파괴될 수 없는/오존층을 지키는 지구의 수호자"인 숲을 우리는 어떻게 대하고 있는가. '개발'과 '건설'이라는 미명 아래 아름드리나무를 마구 베어내고 있다. 심지어는 공원이나 자전거 길을 만든답시고 수십 년 자란 나무들을 베어내는 경우도 비일비재하다. 어떤 경우, 분재를 하면서 나무를 옥살이시킨다.

좁고 작은 화분 속에 가두어
쇠사슬에 묶어놓고
성장을 억제
나무의 멋을 조형하는 분재

생명의 미를 갈취
자연의 정서를 연출하려 하네

—「분재」 부분

물론 "나무의 오묘한 자연의 운치를/좁은 공간에 옮겨놓은 예술"임을 부인할 수는 없다. 그러나 "생명의 미를 갈취"하고 있는 것에 주목한 사람은 많지 않다. 오랫동안 나무를 직접 심고 돌보았기에 분재하는 것을 보고 안타깝게 생각하게 되었던 것이리라. 우리 국민이 나무에 대한 애정을 윤재건 시인만큼은 아니지만 조금이라도 갖는다면 백두대간이 뚝뚝 끊기는 사태는 막을 수 있을 텐데……. 산도 예전 모습을 잃고 강도 예전 모습을 잃는 현실이 가슴 아프다.

시집은 제2부에 이르러 이 땅의 노인들에게 시선을 돌린다. 이미 20년 전에 고령화 사회에 돌입한 우리나라인지라 노년 인구가 계속 늘어나고 있다. 마을 경로당에 가면 80, 90대 노인들이 많아 70대 노인이 심부름을 한다는 우스갯소리도 들려온다.

터벅터벅
등 굽은 노인
골 깊은 얼굴
백발에
검게 탄 얼굴
구십춘광

터벅터벅
표정이 없고
말이 없고
목석같은
눈길 한번 없는
비정한 모습

—「터벅터벅」 부분

매일 산책을 하는 노인네의 얼굴에 표정이 없다. 거의 종일 걷기만 하는 노인은 어느 날부터인가 보이지 않는데, 병원에 입원을 하셨거나 돌아가셨을 것이다. 노인의 얼굴에서 표정을 빼앗아간 것은 세월일까? "여름 내내 두터운 옷"을 입고 있는 것으로 세월만은 아닌 것 같다. 아내가 살아 있다면 입성을 저 지경으로 놔두었을까. 그래서 해로(偕老)는 진정 아름다운 정경이다.

어느 날 혈압이 낭군을 올리면

부인은 그를 아기처럼 가슴에 품고
말을 못하는 짐승처럼
아픔을 소리로 토하는
흐느낌을 보았고

어느 날 신경이 부인을 올리면
낭군은 그를 어머니처럼 안아
말 못하는 짐승처럼
아픔을 침묵으로 삭이는
과묵함을 보았고

—「어느 노부부의 사랑」 부분

타고난 건강 체질이라면 모르지만 사람이 나이를 많이 먹으면 노환을 앓는 것은 인지상정이다. 대체로 남편이 아플 때 아내는 흐느껴 울고, 아내가 아플 때 남편은 아픔을 침묵으로 삭인다. 그래도 함께 있으니 얼마나 다행인가. 때가 되면 모든 인간은 회자정리(會者定離), 사별의 아픔을 느끼지 않을 수 없게 된다. 이번 시집에서 해설자가 개인적으로 가장 가슴 아파하며 읽은 시가 아래 인용하는 시다.

임아, 이런 말 못하겠네

60년이 넘도록

참 고생 많이 했다고

짧은 날 금옥 같은 시간 쪼개
행복하게 살자고

임아, 이런 말 못하겠네

어차피 비워야 할 삶이니
감추어 둔 것 있냐고

우리 응급실에 가지 말고
호스피스로 가자고

—「Well Old, Well Die」 전문

생의 마지막 시점에 생명을 연장한다는 것이 무슨 의미가 있을까. 그래서 종종 찬반양론 논의가 되는 것이 존엄사다. 의식이 있을 때 스스로 자신의 목숨을 거둬들이는 존엄사가 법적으로 금지되면 응급실을 거쳐 중환자실에 가서 하염없이 목숨을 연장하게 된다. 호스피스 병동에서 수명대로 사는 것이 행복이라는 인식이 확산되고 있지만 존엄사가 자칫 잘못하면 안락사가 되고, 안락사는 살인이라는 공식이 성립할 수 있다. 잘 늙고, 잘 죽는 것도 인간이 누릴 수 있는 아주 큰 행복일 거라는 생각이 들게 하는 시다. 노인 분들에게 가장 큰 행복은 자식과의 만

남일 수 있는데, 오늘날 부모·자식 간은 대부분 남남인 경우와 다름없다. 자식이 부모한테 이것저것 백화점에서 산 생활용품을 사서 택배로 보내는 것도 효도일 수 있지만 "소식 뜸한 자식의 택배 기다리는 한 할머니"에게 진정한 효도는 "너희들 모습 보는 것"(「情을 나르는」)이다. 그런데 이런 효성보다 더 화자를 지탱해주는 것이 있다. "길 잡아주는 지팡이"이고, "허리 잡아주는 복대"이고, "외식에 동행하는 등받이 방석"이고, "부항 떠주는 영감"(「지탱해주는 것」)이다. 일리가 있는 말이다. 그러나 핵가족 시대의 비애가 감지되어 문득 서글퍼진다. 아마도 이 시집을 읽는 모든 독자가 공감할 내용일 것이다. 효도의 방법은 다들 알지만 그것을 행하는 것은 어려운 법이다.

천수를 누린다면 당연히 노년기에 접어들 텐데, 시인은 노년기를 어떻게 보내야 할 것인지 생각해본 적이 있다. 버려진 장식장처럼 "누구 없소, 나 데려갈" 하고 외칠 것이 아니라 "볼품없어 퇴출하지만/빈손으로는 버려지지 않겠단다"고 하는 정신 자세가 중요하다. 시인 자신 초등학교에 가서 "세계 위인전을 읽어주는 노인"이 되기도 하고, "글밭을 헤매다/별과 함께 잠든 밤"(「시의 농사」)을 보내기도 한다. 예전에는 겨울에 "따스한 아랫목에서 몸을 녹이고/윗목 화롯불에 둘러앉아 이야기꽃"을 피웠지만 지금은 "시를 추려보려는 만학"도가 되어 "늦심기에 여념이 없는 시심의 겨울"(「겨울의 추억」)을 보내고 있다.

시집은 후반부에 가서 봄, 여름, 가을, 겨울 네 계절 변화에 따른 느낌을 종종 다룬다. 시를 쓰기 전에야 봄이 오면 날이 풀려 다행이네, 여름이 오면 너무 더워 부채를 찾게 되네, 가을이 오면 왠지 쓸쓸해지는데, 겨울이 오면 연탄 사 광에 채울 일이 걱정이네 하고 생각했겠지만 이제는 그런 정도의 감상에서 그치지 않는다. 계절의 변화가 시심을 자꾸만 움직여 「개나리」 「3월이 가기 전에」 「오월의 향기」 「얼마나 초록빛이었는지」 「등나무 정자」 「가을 비」 「가을이 오는 소리」 「가을 하늘」 「초겨울의 서정」 「우수(雨水)」 「볏짚 곤포」 「한 해를 보내며」 등 많은 시를 쓰게 된다. 대체로 잔잔하게 전개되는 이들 시편에 대한 감상은 독자의 몫으로 남겨두고, 이제부터는 시인이 겪은 역사적 사건에 대한 추억담을 들어보기로 한다. 시인에게 유월은 꽃들이 만개하는 계절이 아니다.

유월이 올 때마다
저 산하 골짜기
DMZ 후미진 곳에
잠들어 있는 이름 모를 용사들
열아홉 살 그 푸른 꿈
뙤약볕에 버티는 무명의 꽃들

꽃으로 피고 지며
훌쩍 예순이 넘었네

—「유월이 오면」 부분

우리는 6·25사변이라고 흔히 일컫는 동족상잔의 전쟁을 치렀다. 시인의 연세를 헤아려본다. 1932년생, 그러니까 한국전쟁이 일어났을 때 열아홉 청춘이었다. 한두 해만 일찍 태어났더라도 현역 징집 대상이었을 텐데, 다행인지 불행인지 시인은 현역시병이 아니라 국민방위군으로 차출된다.

6·25사변, 1·4후퇴 시
제2국민방위군, 제11분교육대
진해군 성주면 성주국민학교에 자리한
독립중대

내무반은 엄동설한에 바닥에 가마니 깔고
추위에 떨며
한 끼 배식이 어린이 주먹만 한 주먹밥 하나
언제나 내 것이 작아 보였고
몇 입 털어 넣으니 밥알 하나도 아쉬웠지

배고파 허리춤 졸라매던 병영생활
모두들 먼저 현역병으로 차출되어
밥이라도 배불리 먹었으면 했어요

—「주먹밥」 전반부

그나마 주먹밥이 커지고 반찬도 나온 것은 국고금과 군수물자를 착복한 국민방위군 사령관인 김윤근 준장 등 책임자 5명이 사형을 당하고 나서였다. 65년 세월이 흐른 지금 식당에 가보면 밥을 남기는 사람이 둘에 한 사람 꼴이다. "그 작은 흰 주먹밥 하나/절실한 구원의 한 끼니"였으므로 금석지감(今昔之感)이 없을 수 없다. 몇 사람의 욕심이 9만 명을 굶어 죽게 하고 얼어 죽게 했는데(한겨울인데도 군복과 내복이 제대로 지급되지 않았다) 시인은 그때 기적적으로 살아서 귀향하였다.

추위는 뺨을 때리고
길바닥은 유리알에 엉덩이 부어오르고
경산군 어느 지역을 지날 즈음
마산으로 집결하란다

열흘째, 주저앉은 곳
마산 어느 학교 운동장
다시 대오를 지어라 한다

마지막 힘을 다해 또 하루
진해 어느 초등학교 운동장
방위군의 훈련장
굶주림의 병영 고된 훈련 3개월
그리고 수복이라
칠십 리 길(천안-안성)을 단숨에 달렸지

—「천리 길 회상」 부분

운이 나쁘면 죽고 운이 좋으면 사는 곳이 진징이 아니라 후되 길이었으니 기가 막힌 일이다. 서울 수복 후에 방위군의 훈련장, "굶주림의 병영, 고된 훈련 3개월"을 마치고 고향 안성으로 돌아왔는데 그 여정이 안성→경산→마산→진해→천안→안성의 천리 길이었다. 전부 다 도보로, 굶주린 배를 움켜쥐고, 얇은 피복을 걸친 채였으니 살아서 돌아온 것이 기적적인 일이라는 것이다.

시인은 3·1운동 때 안성의 주민 3천여 명이 만세를 부르며 독립운동을 전개한 만세고개를 다루기도 한다.

안성시 양성면 원곡면 주민 3천여 명이
1919년 3월 1일 대한독립만세운동에 이어
4월 1일에는 천덕산 고개를 넘나들며 외쳤던 곳
후에 이곳을 만세고개라 부르고
안성 4·1만세운동이라고 했다

그때 일경(日警)에 희생된 231명의 선열의 넋을 위로하고
그 뜻을 가리기 위해 위패를 봉안하고 있다
고갯마루에서 외치던 충의와 호국의 만세 소리
이를 지켜보던 소나무 나이테는
일경의 만행을 기억하겠지

—「만세고개」 제2, 3연

3·1운동 때 전국적으로 약 7,000명의 사망자가 나왔다. 안성의 한 고을에서 231명의 희생자가 나왔다는 것은 독립운동의 기세가 그 어느 곳보다도 높았다는 것을 뜻한다. 이 고장에서 다들 목숨을 내놓고 만세운동을 전개했음을 알 수 있다. 일제는 이후에도 징병과 징용으로 끌고 가 수십만 명의 조선인을 사지로 몰아넣었다. "과거의 역사를 평화와 공존의 미래로/승화되기를 바라는 우리에게" 지금의 일본은 독도 영유권 주장, 신사참배, 역사교과서 왜곡, 평화법 파기 등을 하면서 군국주의 부활을 꾀하고 있는 중이다. 그래서 시인은 "일본군 위안부의 역사인식을 거부하는 일본 정치인/여기 안성 3·1운동 기념관에 와서 똑바로 보라"고 외치고 있다. 중학교 1학년 때 돈사 청소를 제대로 못했다고 달려가는 목탄차를 돌아서 오라는 벌을 받았던 것도 기억에 새롭다. 아무리 힘껏 달려도 따라잡을 수 없는 목탄차를 돌아서 오라는 명령은, 조선인 실습주임 교사의 만류가 없었더라면 이행하느라 죽을 고생을 했을 것이다. 이와 같은 민족차별이 일제강점기 36년 동안 쉼 없이 행해졌다. 재일교포들은 광복 후에도 계속 차별 속에서 살아가게 되고. 윤재건 시인의 우리 것에 대한 애착과 사랑은 「아리랑 민요」에 이르러 절정에 달한다.

아리랑 아리랑 그 어원이 무엇인지
아리랑 고갯길은 어디에 있는지
알 수 없는 우리 혼의 노래

굽이굽이 숨 막히는 고갯길
산 넘어 들 너머 열두나 고행 길을
한숨 거두게 하는 삶의 노래
많은 사람의 가슴을 적시는 한의 노래

—「아리랑 민요」 부분

지역마다 있는 아리랑 노래는 대개 한의 노래였다. 이별을 안타까워하고 다시 못 보게 됨을 서러워하는데 요 근래 새로 만든(신민요) 아리랑은 그렇지 않다. "지역의 화합을 이루는 통일의 아리랑"이요, "사랑과 기쁨의 아리랑", "평화와 희망의 아리랑"이다. 이제는 한의 노래가 아니라 "민족의 위상과 가치를 높이는 노래"인 힘 있는 아리랑을 불러야 할 것이라고 말하지만 현실은 비극의 연속이다. 시인은 세월호의 비극 앞에 기도를 드린다.

이제 겨우 싹트려 하는 어린 학생과 일반 승객들
진도 앞바다에 수장해버리려 합니까.
생사의 기로에서 주님의 구원을 갈구하고 있습니다.
실종자 가족들 마음도 몸도 부서지고 있습니다.
주님의 아들 예수 그리스도 죽음에서 부활하듯이

이 선량한 승객들에게도 부활의 은총을 내려주옵소서.
—「기도」 제2연

세월호 침몰 사건의 사망자는 295명이고 실종자는 9명이다. 대다수 수학여행을 떠난 고등학생들이었다. 이들을 위해 시인이 해줄 수 있는 일은 기도뿐이었다. 여기서 말하는 부활은 예수의 부활 같은 것이 아니라 하느님의 인도로 구원의 은총이 죽은 학생들에게 내려지기를 바란다는 뜻일 것이다. 「오월의 향기」에서는 꽃들이 피어나 향기를 풍기지만 소쩍새도 꾀꼬리도 세월호 노란 리본을 보고 목소리를 낮춘다고 한다. 결국 우리가 모두 애도를 표한다는 뜻이리라.

내가 알기로, 시인은 신앙심 깊은 천주교인이다. 그래서 미리내 성지 내의 "김대건 순교자 성역 안을/어슬렁어슬렁 걷고 있" 기도 한다. 종교적 믿음을 갖고 있으면 생명체가 사라지는 일이 더욱 애통한 법인지, 천주교와 불교가 만나는 지점은 생명체에 대한 애틋한 생각, 즉 측은지심이다. 아무런 잘못도 없이 무더기로 죽어간 생명체가 불쌍한 것이다.

AI 바이러스 감염을 차단하기 위한 방호벽은
내가 없어야 네가 산다는 뜻
어차피 제 명에 의한 죽음이 아닐 바에야
세상에 왔다 간 보은의 흔적이라도 있으련마는

포대자루 속에 무더기로 꾸겨 넣어
플라스틱 통 속에 묻히는 산 생명
흙으로 돌아가는 것조차 거부당하니
이 지구 공간에서 인플루엔자의 영원한 추방을 위해
우주 공간으로 쏴 올려야 할 일

—「오리의 슬픔」 제2, 3연

어디 조류 인플루엔자뿐이었나. 구제역이다 광우병이다 하면서 우리는 얼마나 많은 가금(家禽)을 집단 도살해 왔던가. 이런 비극적인 사회 현실에 대한 예리한 비판의식도 유재건 시인은 잘 견지해 왔다. 연세가 여든이 넘은 지금, 최선을 다해 시를 쓰고 있다.

시(詩) 밭에 씨를 뿌린 지
희수(稀壽)에 시작하여 산수(傘壽)가 넘어도
시는 싹이 트지도 않아
갈증만 더해가고
건기는 계속되니
잡초와 싸우다 짧은 생을 마감하나

—「시의 농사」 부분

시의 농사는 아무리 열심히 해도 실력이 늘지 않는다고 한탄하고 있다. 그런데 이는 사실상 겸양의 말이다. 일흔 나이부터 시를 쓰기 시작해 어언 네 권째 시집을 내게 되었으니, 그간 얼마나 열심히 시의 농사를 지어 왔는지 알 수 있다. 시인 자신, 이번 시집이 마지막 시집이라고 생각할지도 모르겠다. 하지만 늘 최선을 다해 살아가고 있는 분이니 또다시 자신을 출발선상에 세워 둘 것이다. 해설자는 옆에서 늘 박수를 칠 자세가 되어 있다. 존경하는 마음으로.

이 도서의 국립중앙도서관 출판시도서목록(CIP)은 서지정보유통지원시스템 홈페이지(http://seoji.nl.go.kr)와 국가자료공동목록시스템(http://www.nl.go.kr/kolisnet)에서 이용하실 수 있습니다.(CIP제어번호: CIP2016007428)

문학의전당 신작시집

나무가 쓰는 시

초판 1쇄 인쇄 2016년 3월 21일
초판 1쇄 발행 2016년 3월 28일

지은이 윤재건
펴낸이 고영
책임편집 이현호
디자인 헤이존
펴낸곳 문학의전당
출판등록 제311-2012-000043호
주소 서울시 은평구 연서로11길 7-5 401호
편집실 서울시 마포구 마포대로 127, 413호(공덕동, 풍림VIP빌딩)
전화 02-852-1977
팩스 02-852-1978
블로그 http://blog.naver.com/mhjd2003
전자우편 sbpoem@naver.com

ISBN 979-11-5896-250-0 03810